"Zieh mit den Wölfen
Zieh mit dem Wind
Sing meine Lieder
Sing böses Kind"

(Böhse Onkelz)

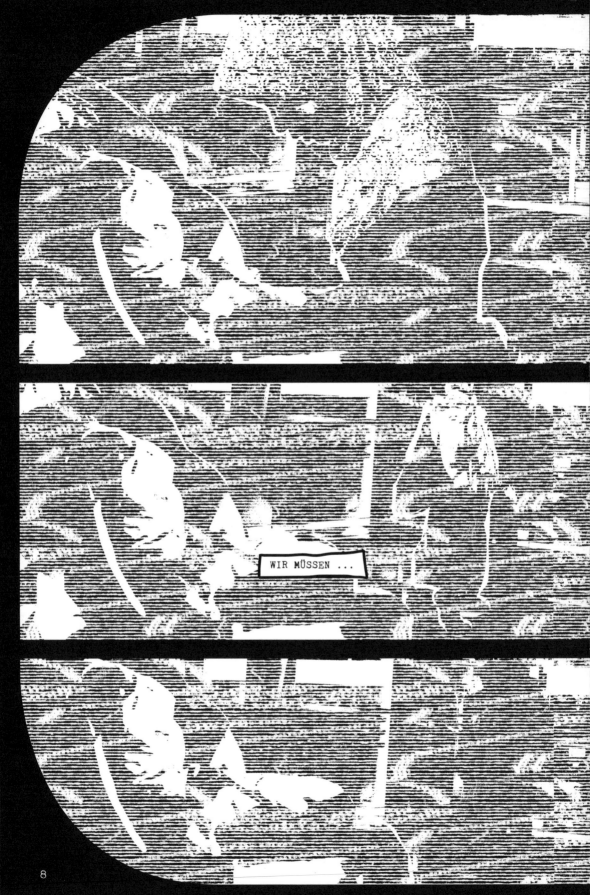

ES BRINGT NICHTS, DIE ERWACHSENEN MÄNNER ZU TÖTEN.

... IHRE ZUKUNFT ANGREIFEN.

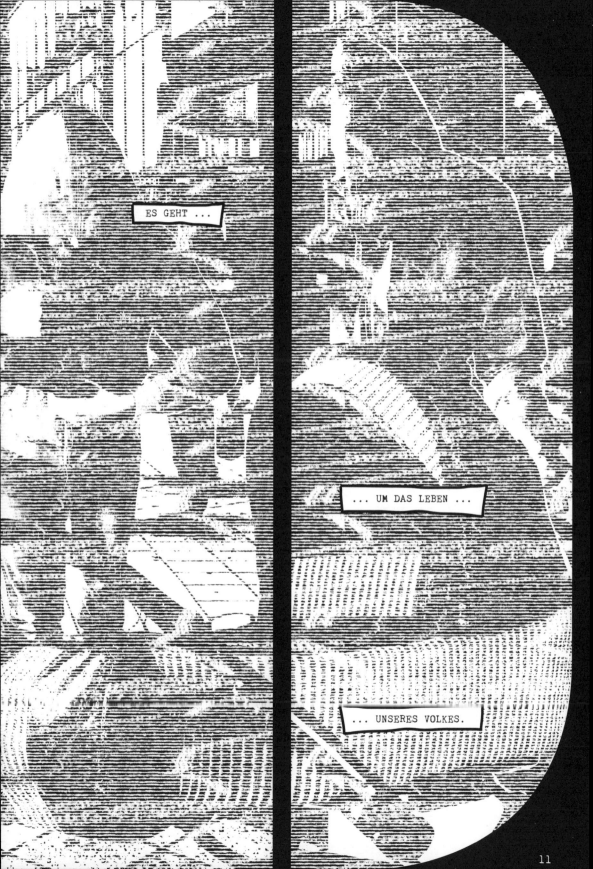

IMPRESSUM:
CORRECT!V - COMICS FÜR DIE GESELLSCHAFT
IST EINE MARKE DER
PULS - RECHERCHEN FÜR DIE GESELLSCHAFT GEMEINNÜTZIGE GMBH
HUYSSENALLEE 11 · 45128 ESSEN
HANDELSREGISTER ESSEN · HRB 25135
GESCHÄFTSFÜHRER: DR. CHRISTIAN HUMBORG, DAVID SCHRAVEN (VERANTWORTLICH)

INFO (AT) CORRECTIV.ORG
SATZ & LAYOUT: MATT EAGLE / JET LAG
DRUCK: LIVONIA PRINT, RIGA. PRINTED IN LATVIA
COVER: ZENTRALE BERLIN
ISBN: 978-3-9816917-0-2

RUDOLF AUGSTEIN | STIFTUNG
DAS PROJEKT "WEISSE WÖLFE" WURDE MIT EINER SONDERFÖRDERUNG DER RUDOLF AUGSTEIN STIFTUNG AUSGEZEICHNET.

WEISSE WOLFE

EINE GRAFISCHE REPORTAGE ÜBER RECHTEN TERROR

TEXT: DAVID SCHRAVEN
ZEICHNUNG: JAN FEINDT

montag

heute haben wir endlich begonnen nach all den jahren
des redens und nichts als reden unsere erste aktion wir
befinden uns im krieg gegen das system und es ist nicht
länger nur ein krieg mit worten

da ich nicht schlafen kann werde ich versuchen einige
meiner gedanken die mir durch den kopf jagen
aufzuschreiben

hier zu sprechen ist gefährlich die wände sind ziemlich
dünn und die nachbarn könnten sich über die nächtliche
unterhaltung wundern ausserdem schlafen george und
katherine schon nur henry, der unentwegt an die decke
starrt, und ich sind noch wach

ausserdem bin ich erschöpft, da ich seit heute morgen auf
den beinen bin

um 5.30 uhr informierte uns george telefonisch dass die
verhaftungen begonnen haben

jetzt ist es nach mitternacht

gleichzeitig fühle ich mich grossartig endlich haben wir
gehandelt

wie lange wir dem system die stirn bieten können weiss
niemand morgen könnte schon alles vorbei sein aber
daran dürfen wir jetzt nicht denken

"FAHR DA HIN. SCHAU DIR DIE STRASSE AN. VIELLEICHT WAR DER MORD EIN SIGNAL. EIN SYMBOL, DAS IRGENDWER VERSTEHEN SOLLTE."

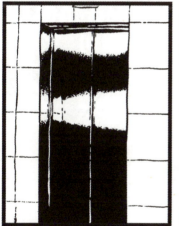

ICH BRECHE AUF.

UND WERDE IN DEN NÄCHSTEN MONATEN MEHR ÜBER NAZIS ERFAHREN, ALS MIR RECHT IST.

mittwoch

ich werde niemals jenen schrecklichen 9. november 1989 vergessen als sie um 5.00 uhr morgens an meine tür klopften und ich völlig ahnungslos aufmachte. wer da war

kaum hatte ich die tür geöffnet, drangen vier schwarze in meine wohnung ein ich hatte keine chance sie aufzuhalten einer von ihnen trug einen baseballschläger zwei hatten lange küchen-messer in ihrem gürtel stecken der eine schubste mich mit seinem schläger in die ecke und bewachte mich während die anderen sich daranmachten meine wohnung zu durchsuchen

zuerst dachte ich dass es sich um einbrecher handeln müsse. waren doch übergriffe dieser art seit dem cohen-gesetz an der tagesordnung schwarze verschafften sich häufig gewaltsam zugang zu einer weissen wohnung stahlen mordeten vergewaltigten und mussten dabei nicht einmal angst vor bewaffneter gegenwehr haben selbst jene opfer die noch waffen besassen brachten kaum den mut auf sie unter dem neuen gesetz zu benutzen

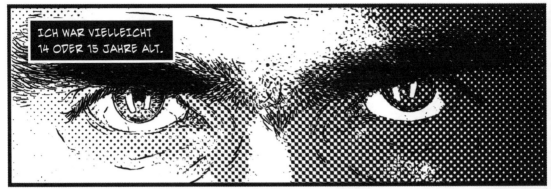

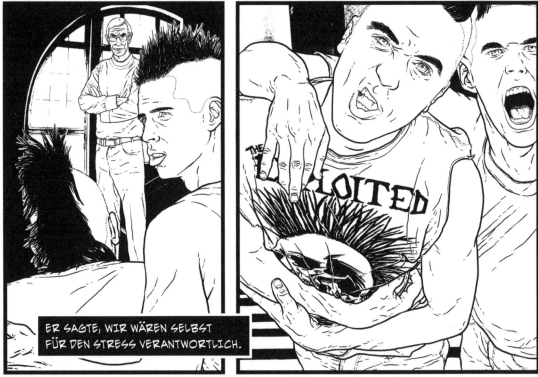

ICH HAB MUSIK GEHÖRT ...

... UND TRAINIERT.

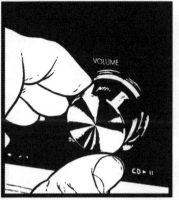

EINES TAGES WOLLTE ICH ZURÜCKSCHLAGEN.

WIR HATTEN MIT DEN KUMPELS DAMALS EINE VERLASSENE HÜTTE IM WALD.

HIER BAUTEN WIR UNSERE ERSTEN ROHRBOMBEN.

"WENN IHR WAS BRAUCHT, ...

FRAGT UNS."

SIE HATTEN AUCH NEUE MUSIK DABEI.

GEILES ZEUG.

VERBOTENES ZEUG.

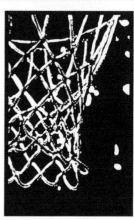

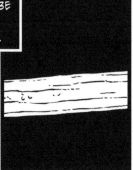
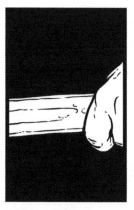

IN DER NACHT BRACHEN WIR IN EIN VEREINSHEIM EIN.

STAHLEN DEN SPARKASTEN.

DIE BULLEN JAGTEN UNS.

IRGENDWANN BIN ICH EINGESCHLAFEN.

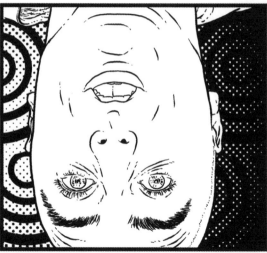

ICH LIEF VOR IHM HER.

ZURÜCK NACH HAUSE.

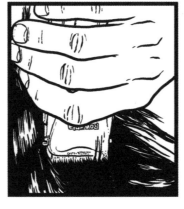

18

freitag

unsere vierköpfige einheit mietete diese wohnung vor sechs monaten unter einem falschen namen um sie im notfall zur verfügung zu haben. geld ist unser hauptproblem. das fahrrad ist unser einziges fortbewegungs-mittel, da wir alle unsere autos, nach denen die polizei mit sicherheit sucht, zurückgelassen haben.

eines tages entschieden wir uns, nicht noch mehr kostbare zeit zu verschwenden und einfach in die stadt zu fahren um uns geld zu nehmen. zuerst liessen wir uns von katherine schminken und rüsteten uns mit totschlägen aus. henry steckte sich noch ein fahrten-messer in den gürtel.

wir parkten ungefähr eineinhalb häuserblocks entfernt. um die ecke von bermans spirituosen als wir hineingingen war der laden leer nur ein schwarzer stand an der kasse henry sprach ihn an und verlangte eine flasche wodka die hinter ihm auf einem hohen regal stand als er sich umdrehte gab ich ihm mit dem totschläger kräftig eins auf den hinterkopf. er sank lautlos zu boden und blieb regungslos liegen henry sprang auf seinen rücken packte ihn an den haaren und schnitt ihm flink die kehle durch

DER MORD AN MEHMET KUBAŞIK IST EIN RÄTSEL.

Staatsanwaltschaft Dortmund

...sident Dortmund
...lhauptstelle —
...dienst/Bildstelle

Lichtbildm

MORD
KUBASIK

Dortmund, Mallinckrodtstraße 190

04.04.2006

> ER STACH NICHT HERAUS, WAR NICHT MITGLIED EINER PARTEI ODER ORGANISATION.

1744/2006

190 UJs 660/2006

> FÜR WEN HÄTTE SEIN TOD EIN SIGNAL SEIN SOLLEN? WER HÄTTE DEN MORD ALS SYMBOL BEGREIFEN KÖNNEN?

Aufnahme gefertigt:
am: 04.04.2006
Fotograf:

mittwoch

es folgte eine schaltung, wo der justizminister an einer ausserordentlichen medienkonferenz presse und öffentlichkeit darüber informierte, dass die regierung alle verfügbaren polizeieinheiten einsetze, um unsere organisation zu zerschlagen. er beschimpfte uns als "üble rassistische verbrecher, die in blindem hass versuchten alle in den letzten jahren erzielten fortschritte hin zu echter gleichheit zunichte zu machen".

er ermahnte alle bürger zur unterstützung der regierung bei der zerschlagung dieser rassistischen verschwörung.

all die risiken die unsere leute eingegangen waren hatten sich in genau jenem moment bezahlt gemacht, als sie den justizminister zu diesem psychologischen fauxpas verleiteten. die ereignisse zeigen deutlich wie nützlich es ist, das system durch überraschungsangriffe aus der ruhe zu bringen, denn hätte das system nicht die nerven verloren wäre es sicherlich in der lage gewesen mehr menschen für den kampf gegen uns zu mobilisieren und der justizminister hätte sich wohl kaum zu einer so unbedachten äusserung, die uns noch viel zulauf bringen wird, hinreissen lassen.

WIR WAREN VIELE UND WIR WAREN LAUT.

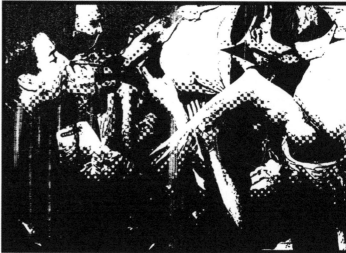

WIR SCHLUGEN SIE AUF OFFENER STRASSE UND TRATEN IHNEN DIE FRESSE EIN.

WIR FÜHLTEN UNS WIE SIEGER.

UNSERE KAMERADSCHAFT TRAF SICH REGELMÄSSIG AM HAFEN.

ICH WAR EINER DER GROSSEN JUNGS, ...

WÄHREND ALLE ANDEREN QUATSCHTEN, ...

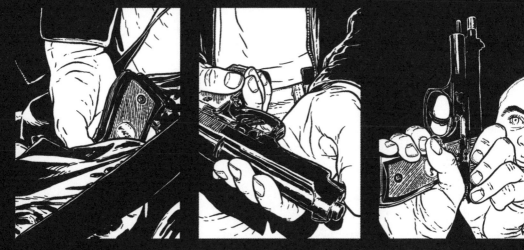

WAR ICH BEREIT ZU HANDELN.

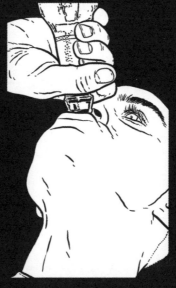

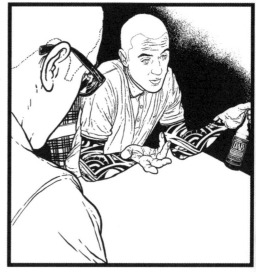

WIR WOLLTEN KRIEG.

WIR WOLLTEN POLITISCHE SOLDATEN WERDEN.

WIR WOLLTEN EINE COMBAT 18-ZELLE IN DORTMUND.

WIR WOLLTEN ZUSCHLAGEN.

ICH KONNTE IHR GEKEIFE NICHT MEHR ERTRAGEN.

MAN MUSS SICH EBEN ENTSCHEIDEN.

DER SÄNGER DER BAND OIDOXIE, MARKO GOTTSCHALK, MACHTE BEI DEN "WEISSEN WÖLFEN" MIT. ER STAND GANZ VORNE, MIT DER KNARRE IN DER HAND.

AUCH ICH WAR EIN TEIL DIESER TERRORMASCHINE.

MICHAEL BERGER WAR ZIEMLICH VERRÜCKT.

IHR GOTTVERDAMMTEN BULLENSCHWEINE, IHR KOTZT UNS SO AN. DOCH EINES SCHÖNEN TAGES, JA DA SEID IHR DRAN. IHR STÜRMT UNSERE KONZERTE UND PRÜGELT AUF UNS EIN, DOCH EINES DAS IST SICHER, WIR WERDEN NIE VERZEIH'N. BULLEN HABEN NAMEN UND ADRESSEN, KEIN VERGEBEN UND KEIN VERGESSEN.*

ALS ER SEINEN FÜHRERSCHEIN VERLOR, ...

FUHR ER MIT EINER GELADENEN WAFFE DURCH DIE GEGEND.

ER SAGTE: "WENN DIE MICH ANHALTEN, KNALL ICH SIE AB!"

* MUSIK: RECHTSROCKBAND WEISSE WÖLFE

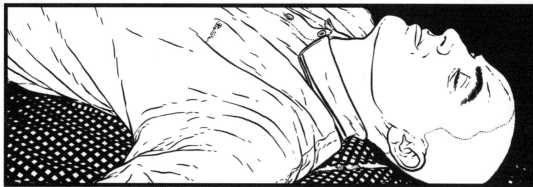

ALSO TRAT ICH DER LEGION BEI.

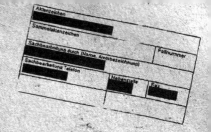

VERMERK VERFASSUNGSSCHUTZ NRW

ES LIEGEN LEDIGLICH VAGE INDIZIEN DAFÜR VOR, DASS SICH EIN KLEINER PERSONENKREIS FÜR COMBAT 18-STRUKTUREN INTERESSIEREN KÖNNTE BZW. SIE SICH SELBST COMBAT 18-STRUKTUREN ZURECHNEN. SO GIBT ES U. A. IN DER NRW-NEONAZI-/SKINHEAD-SZENE EINIGE WENIGE PERSONEN, DIE TÄTOWIERUNGEN MIT C 18-BEZUG TRAGEN, WAS FÜR SICH GENOMMEN ALLERDINGS NOCH NICHT BESONDERS AUSSAGEKRÄFTIG IST.

VERMERK VERFASSUNGSSCHUTZ NRW

ES LIEGEN HINWEISE AUF C 18-STRUKTUREN BEZOGEN AUF EINE BESTIMMTE PERSON (GOTTSCHALK, DORTMUND, SÄNGER "OIDOXIE") VOR.

VERMERK VERFASSUNGSSCHUTZ NRW

BESORGNISERREGEND IST IN DIESEM KONTEXT, DASS AUCH AUS NRW EXTREM MILITANTE ÄUSSERUNGEN EINZELNER NEONAZIS BEKANNT SIND. BEISPIELHAFT SIND HIERFÜR FOLGENDE ÄUSSERUNGEN EINES EINZELNEN NEONAZIS: "ICH GLAUBE AN DEN ENDSIEG! ES WIRD EINIGE BLUTOPFER KOSTEN. DIE DERZEITIGE HETZE ZEIGT MAL WIEDER, DASS WIR AUF DEM RICHTIGEN WEG SIND. GREIFT DAS SYSTEM UND IHRE KNECHTE AN, WO IMMER ES GEHT. AUCH DIE, DIE GEGEN UNSERE RASSE VORGEHEN UND SIE ZU VERNICHTEN SUCHEN. STAATSSCHUTZ, STAATSANWÄLTE, RICHTER HABEN NAMEN, ADRESSE UND FAMILIE. EURER PHANTASIE SIND HIERBEI KEINE GRENZEN GESETZT. ALS VORBILD MAG UNS HIERBEI DIE BASKISCHE ETA DIENEN. ZEIGT KEIN ERBARMEN, KEINE REUE. DER WEISSE, ARISCHE WIDERSTAND LEBT. BILDET ZELLEN NACH DEM VORBILD DES FÜHRERLOSEN WIDERSTANDES, UNTERSTÜTZT DIE NATIONAL-REVOLUTIONÄREN ZELLEN. SIEG ODER WALLHALLA!"

donnerstag

unsere untergrundeinheiten setzen sich aus mitgliedern zusammen die den behörden bekannt und per haftbefehl gesucht sind sie sollen das system durch direkte aktionen vernichten

angehörige der "legalen" einheiten sind den behörden nicht bekannt und den meisten könnte eine verbindung zur organisation auch gar nicht nachgewiesen werden sie sind für spionage geldbeschaffung juristischen beistand und allgemeine unterstützung zuständig

wann immer ein "illegaler" ein potentielles neues mitglied ausmacht, muss er einen "legalen" kontaktieren der dann mit dem anwärter spricht und ihn überprüft. "legale" einheiten sind auch propagandistisch tätig beschränken sich dabei aber auf ungefährliche tätigkeiten wie das verteilen von flugblättern

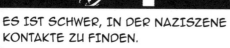

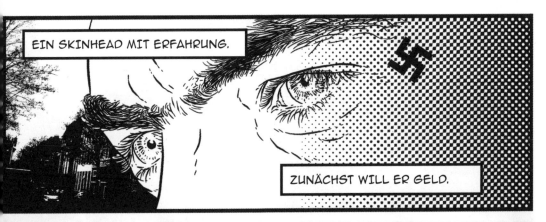

mittwoch

inzwischen beschränkt sich unsere sicherheit darauf, dass wir unser aussehen verändert und uns mit falschen papieren ausgerüstet haben. wir tragen andere frisuren und unsere haare sind entweder gefärbt oder gebleicht. ich habe meine brille mit randlosen gläsern gegen eine mit schwerem gestell eingetauscht, und katherine trägt anstelle von kontaktlinsen wieder eine brille. henry hat bart und schnurrbart abgenommen und ist wirklich kaum wiederzuerkennen. wir verfügen alle über gut gefälschte führerscheine, die jedoch einer elektronischen überprüfung der darin enthaltenen daten nicht standhalten würden.

wann immer ein mitglied unserer einheit einen riskanten job auszuführen hat, verhilft ihm katherine zu einer kurzzeitigen dritten identität mit hilfe von perücken und verschiedenen gummiteilen, die in die nasenlöcher und in den mund eingesetzt die gesichtszüge und sogar die stimme einer person erheblich verändern. die einsätze sind zwar nicht gerade angenehm zu tragen, aber wir können es schon ein paar stunden mit ihnen aushalten, wie auch ich einige zeit ohne meine brille sein kann, wenn es die umstände erfordern.

der morgige tag wird lang und schwer werden.

DIE ZEIT IN DER LEGION WAR HART.

ICH STIESS AN MEINE GRENZEN.

NACH DER GRUNDAUSBILDUNG HABE ICH ...

VOR ALLEM IM BÜRO DIENST GETAN.

IN DER LEGION ZÄHLT NICHT, WO DU HERKOMMST.

ES ZÄHLT NUR, WER DU BIST.

MEIN BESTER KUMPEL IN DEN TAGEN IM SCHLAMM ...

WAR RASHID, EIN SCHWARZER.

WIR ORGANISIERTEN DIE GRÖSSTEN KONZERTE.

EINMAL DAS IAN DONALDSON MEMORIAL IM BELGISCHEN DENDERMONDE.

DAS GRÖSSTE TREFFEN DER BLOOD AND HONOUR-BEWEGUNG IN EUROPA.

MEHR ALS 2000 MANN WAREN DA.

WIR WAREN EINE RICHTIGE LEGION.

JOERI WOLLTE MIT MIR EINE ZELLE BILDEN.

ICH BEKAM EIN ZIMMER UNTER DEM DACH.

IN ANTWERPEN GAB ES REGELMÄSSIG SCHULUNGEN.

DER HOLOCAUSTLEUGNER DAVID IRVING TRAT AUF.

BERICHTETE VON DER AUSCHWITZ-LÜGE.

ALTE SS-OFFIZIERE ERZÄHLTEN VON IHREM KRIEG.

ICH HIELT FÜR JOERIS ZELLE DEN KONTAKT MIT ANDEREN GRUPPEN.

EINE KURIERIN KAM AUS EINER HOLLÄNDISCHEN BLOOD AND HONOUR-ZELLE.

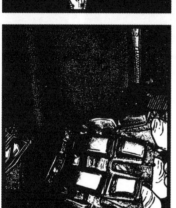

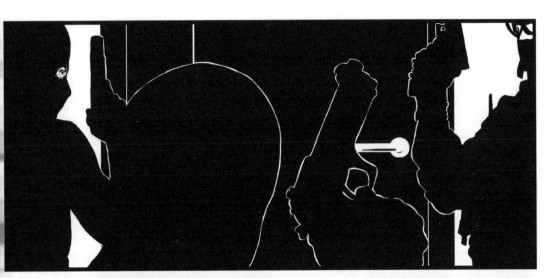

ZUNÄCHST SCHALTETEN WIR ANDERE BLOOD AND HONOUR-GRUPPEN AUS.

SICHERTEN UNS SO DIE VORHERRSCHAFT.

BEI EINEM KONZERT VERTEILTEN WIR UNS IM PUBLIKUM.

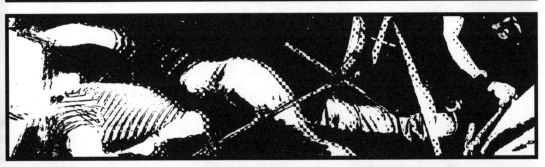

JOERI SCHRIE MICH AN: "TÖTE IHN!"

ICH ZIELTE.

KONNTE ABER NICHT ABDRÜCKEN.

ICH LIESS DEN MANN LAUFEN.

FÜR JOERI WAR ICH DAMIT EIN WEICHEI. ER SORTIERTE MICH AUS.

samstag

ich zog mich aus, nahm ein handtuch und öffnete die tür zur dusche. und da stand katherine, nass, nackend und anmutig unter der kahlen glühbirne und trocknete sich ab.

ich stand für einen moment da und dann anstatt mich zu entschuldigen und die tür wieder zuzumachen streckte ich impulsiv die hände nach katherine aus. zögernd trat sie auf mich zu. die natur nahm ihren lauf.

danach lagen wir eine ganze weile im bett und sprachen miteinander. sie ist ein anhängliches, einfühlsames und sehr weibliches mädchen unter dem kühlen professionellen äusseren, das sie immer bei ihrer arbeit für die organisation zur schau trug.

vor vier jahren war sie die sekretärin eines abgeordneten. katherine war damals unpolitisch gewesen. wenn jemand sie während der zeit, als sie für die regierung arbeitete,
nach ihrer politischen einstellung gefragt hätte, hätte sie wahrscheinlich gesagt, sie sei eine "liberale". aber sie war nur liberal in der gedankenlosen, automatischen art, wie es die meisten leute sind. ohne wirklich darüber nachzudenken akzeptierte sie oberflächlich die naturwidrige ideologie, mit der die massenmedien und die regierung hausieren gingen.

später gab ihr george einige bücher über rasse, geschichte und einige veröffentlichungen der organisation. zum ersten mal in ihrem leben fing sie an, über die wichtigen rassischen, sozialen und politischen fragen nachzudenken, die den täglichen problemen zugrunde liegen.

sie erfuhr die wahrheit über den "gleichheits"-schwindel des systems. sie erwarb sich das verständnis für die einzigartige historische rolle der juden als ferment der zersetzung von rassen und kulturen. noch wichtiger
sie fing an, das bewusstsein von rassischer identität anzunehmen, wobei sie die lebenslange gehirnwäsche überwand, die darauf abzielte, sie zu einem isolierten menschlichen atom in einem kosmopolitischen chaos zu machen.

ungefähr zwei monate später fing sie an für die organisation zu arbeiten.

ICH HÖRTE VON COMBAT 18-ZELLEN. ICH HÖRTE, DASS ES LEUTE AUS DORTMUND GEBEN SOLLE, DIE DABEI WAREN. ICH HÖRTE VON KONTAKTEN ZU EINER ZELLE IN BELGIEN, DIE SPEKTAKULÄRE ANSCHLÄGE PLANE. ICH HÖRTE, DASS DIE BELGIER IN DORTMUND WAREN, UM WAFFEN ZU HANDELN.

ICH FRAGE BEIM INNENMINISTERIUM NACH.

DIE ANTWORT IST ERNÜCHTERND:

IN DER GEWÜNSCHTEN AUSFÜHRLICHKEIT KANN ZU DEN IN DER ANFRAGE GENANNTEN EINZELPERSONEN, PERSONENGRUPPEN UND ÖRTLICHKEITEN AUS RECHTLICHEN GRÜNDEN SEITENS DES VERFASSUNGSSCHUTZES KEINE DETAILLIERTE ANTWORT ERFOLGEN. DIE DORTMUNDER SZENE IST DEM VERFASSUNGSSCHUTZ SEIT JAHREN BEKANNT; IHRE ENTWICKLUNG WIRD MIT GROSSER AUFMERKSAMKEIT VERFOLGT. GLEICHES GILT FÜR DIE AUCH IM VERFASSUNGSSCHUTZBERICHT GENANNTEN MUSIKGRUPPEN UND DEREN UNTERSTÜTZENDES UMFELD.

DIE POLIZEI IN DORTMUND SCHICKT MIR ALS ANTWORT AUF EINE ANFRAGE NACH EINER COMBAT 18-ZELLE IN DER STADT EINEN WIKIPEDIA-ARTIKEL.

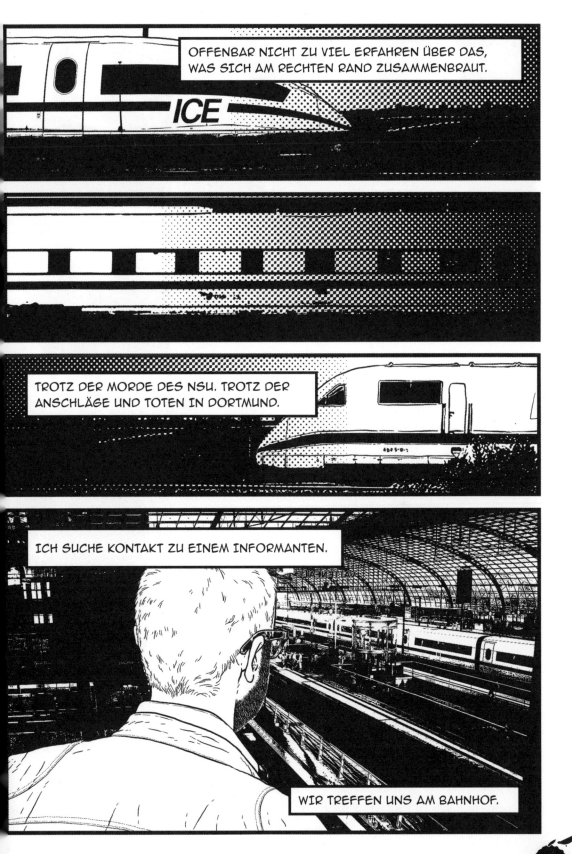

donnerstag

mein gestriger arbeitstag fing kurz vor 5 uhr damit an dass ich dabei half, ammoniak-nitrat-kunstdünger mit heizöl zu mischen wir stellten die 50-kilo-säcke nebeneinander auf und stachen oben mit einem schraubenzieher ein kleines loch hinein gerade gross genug um die spitze eines trichters hineinzustecken und öl hinein zu giessen

dann klebten wir ein grosses quadratisches stück klebeband über das loch und ich drehte den sack von oben nach unten um den inhalt zu mischen wir brauchten für alle 44 säcke fast drei stunden währenddessen waren george und henry unterwegs, um einen lastwagen zu stehlen für nur 2 1/2 tonnen sprengstoff brauchten wir einen lieferwagen der einer firma für bürobedarf gehörte. george und henry folgten einfach diesem wagen mit unserem auto bis er hielt, um eine lieferung abzuladen als ein neger die rückwand des lastwagens öffnete. schwang sich henry zu ihm hinein und erledigte ihn schnell mit seinem messer

wir schichteten vorsichtig die kisten mit dynamit und die säcke mit dem empfindlich gemachten kunstdünger im wagen auf. zum schluss verlegte ich das kabel und den schalter der sprengkapsel durch einen spalt von der ladefläche ins führerhaus. die leiche des fahrers liessen wir auf dem lastwagen liegen

wir fuhren zum zentralen polizei-gebäude. wir sahen wir dass die einfahrt zum untergeschoss offen stand und niemand in sicht war henry fuhr den lieferwagen in den keller wir anderen fuhren ein paar häuserblocks weiter dann gingen wir langsam zurück und schauten dabei auf unsere uhren als der gehsteig heftig unter unseren füssen erzitterte. einen augenblick später traf uns die welle der explosion einem ohrenbetäubenden knall folgte ein gewaltiges dröhnendes und krachendes geräusch verstärkt durch den hohen ton von berstendem glas um uns herum. ein glitzernder und tödlicher regen aus glas fiel für ein paar sekunden unablässig von den oberen stockwerken nahegelegener gebäude auf die strasse. als eine pechschwarze säule von rauch vor uns in den himmel schoss.

ES WAR KEIN NAZI-LADEN. NUR HARTE MUSIK.

ICH DULDETE KEINE PROPAGANDA.

DIE LEUTE SOLLTEN NUR BIER TRINKEN.

ICH WOLLTE AUS DER ALTEN SZENE RAUS.

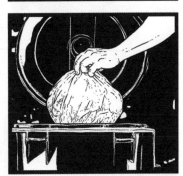

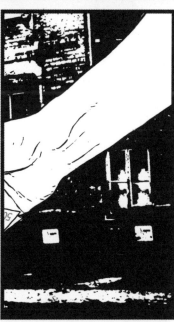

UND NEBENHER KONNTE ICH EIN WENIG KOKS VERKAUFEN.

KEINE SCHLECHTE LAGE.

DER LIBANESE WAR EINVERSTANDEN.

ES GING SCHLIESSLICH UMS GELD.

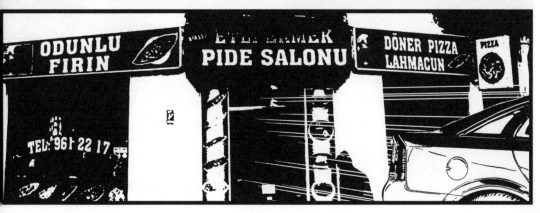

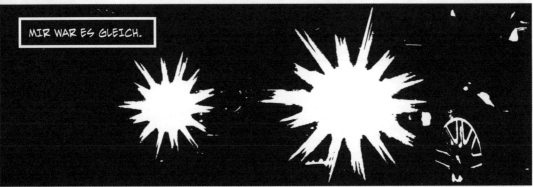

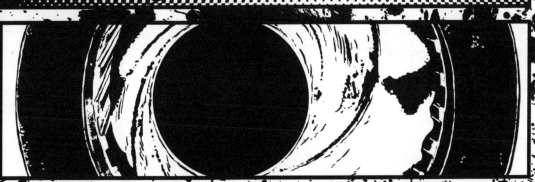

Seit einigen Wochen ist die Drogenfahndung Albert S. auf
der Spur. Die Fahnder zeichnen die folgenden Telefonate auf.
Aus rechtlichen Gründen werden die Mitschnitte nur sinngemäss
wiedergegeben. Ihr Inhalt ist korrekt.

Der Anrufpartner von Albert S. sitzt im Innenministerium NRW.
Die Drogenfahnder finden heraus, es handelt sich um einen
Verfassungsschützer.

TELEFONAT 1:

"Albert, ich bins. Was ist passiert?"
"Robin hat einen Job gemacht. Dabei hat der Spinner geschossen."
"Ich höre eine Menge Leute sind hinter euch her.
Das ist kein Spaß."
"Ich weiß. Robin ist nicht hier."
"Weiß du, wo er ist?"
"Ja, er sitzt bei sich zu Hause."
"Ist er bewaffnet?"
"Ich denke ja."
"Dann fahr hin und entsorg die Waffe.
Ich halte solange die Kavalerie zurück."

TELEFONAT 2:

"Hast du die Waffe?"
"Ja, ich hab sie rausgeholt."
"Wie geht es ihm?"
"Er ist durcheinander."

TELEFONAT 3

"Hast du die Waffe noch?"
"Nein."
"Ich sag Bescheid, dass alles okay ist."

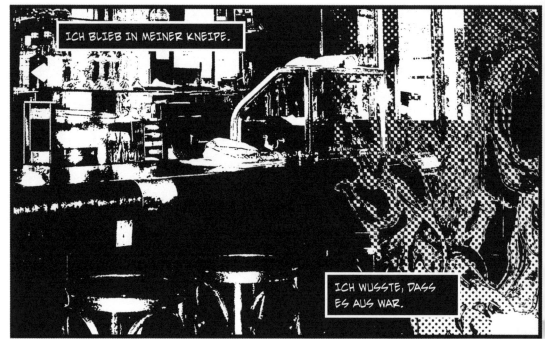

7

dienstag

der schlüssel zum erfolg um die polizei zu neutralisieren und eigentlich auch in allen anderen dingen war unsere tätigkeit innerhalb des militärs. wie sich herausstellte, war henry schon seit über einem jahr verantwortlich für die ganzen rekrutierungsbemühungen bei den bewaffneten streitkräften. die geschichte, die er mir erzählte, war lang aber man könnte sie in verbindung mit dem, was ich seitdem erlebt habe, im wesentlichen folgendermassen zusammenfassen

schon seit der gründung der organisation haben wir auf zwei ebenen mit der rekrutierung innerhalb des militärs begonnen auf der unteren ebene operierten wir vor september 1991 halbwegs öffentlich und danach heimlich das beinhaltete die verbreitung unserer propaganda unter zeitsoldaten und unteroffizieren hauptsächlich von mann zu mann doch henry sagte mir dass wir auch auf höherer ebene mit äusserster heimlichkeit rekrutiert haben

es gelang uns, einige hochrangige militärische führer für uns zu gewinnen wir konnten nun diese trumpfkarte ausspielen

wir haben natürlich hinsichtlich unserer eigenen stärke übertrieben und den weissen soldaten die zu uns kommen wollten gesagt wohin sie zu gehen hätten um sie leichter zum überlaufen zu veranlassen und die aufmerksamkeit der neger abzulenken haben wir einen unserer sender in eine scheinbare negerstation verwandelt und haben einen aufruf zu einer schwarzen revolution gesendet, womit die schwarzen aufgefordert wurden die weissen offiziere und unteroffiziere zu erschiessen bevor die weissen sie entwaffnen könnten

freitag

in die nähe des rathauses wurden all die grosskopfeten gebracht, um sie zu hängen die bekanntesten politiker eine anzahl prominenter schauspieler und -spielerinnen und einige persönlichkeiten vom fernsehen

wenn wir sie wie jeden anderen vor ihren häusern gehängt hätten würden das nur ein paar leute gesehen haben aber wir wollten dass sie als ein beispiel für einen viel grösseren zuschauerkreis dienten aus dem gleichen grund wurden viele der pfarrer die auf unserer liste standen zu einer der drei grossen kirchen gebracht wo ihre hinrichtungen von fernsehleuten aufgenommen wurden um live ausgestrahlt zu werden

eine berühmte schauspielerin die berüchtigt ist für ihre anregungen zur vermischung der rassen und die in mehreren interrassischen liebesszenen mitgespielt hat, hatte den grössten teil ihrer haare, ein auge und mehrere zähne verloren ganz zu schweigen von ihren kleidern bevor der strick um ihren hals gelegt wurde. auch war sie sonst in einem schlimmen zustand blutig und voller prellungen ohne mich zu erkundigen hätte ich nicht gewusst wer sie ist.

ein äusserst fetter alter mann den ich sofort als den bundesrichter erkannte, widersetzte sich den versuchen der soldaten ihm seinen schlafanzug auszuziehen und ihm stattdessen seinen talar überzustreifen einer der soldaten schlug ihn nieder und danach fingen vier andere an ihn zu treten und mehrmals mit ihren gewehrkolben sein gesicht, magen und weichteile zu bearbeiten er war bereits bewusstlos oder vielleicht sogar schon tot als der strick um seinen hals geknüpft und seine schlaffe gestalt an einem laternenpfahl ungefähr in halbe höhe hochgezogen wurde. ein fernsehkameramann hatte die ganze szene aufgenommen die live ausgestrahlt wurde.

wir müssen das öffentliche leitbild von stärke und kompromissloser rücksichtslosigkeit im umgang mit den feinden unserer rasse wahren

MÄNNER UND FRAUEN AUS GANZ EUROPA, DIE AUS RASSENHASS TÖTEN WOLLEN.

MENSCHEN, DENEN ER VERTRAUT HAT.

UND DIE IHM VERTRAUT HABEN.

mittwoch

schon frühzeitig im jahre 1993, hatte die
organisation ihre zellen in westeuropa aufgebaut
und sie wuchsen mit ausserordentlicher
schnelligkeit.

ebenso wie in amerika hat der liberalismus in
europa verheerenden schaden angerichtet und
in den meisten ländern glich die alte ordnung
einem bis auf den kern verfaulten apfel und
zeigte nur noch oberflächlich den anschein von
stärke.

der wirtschaftliche zusammenbruch in europa
im jahr 1999 hat ungeheuer dazu beigetragen die
massen in europa auf die machtübernahme der
organisation moralisch vorzubereiten

nur 110 jahre nach der geburt des grossen der uns
den weg gewiesen hat, wurde der traum einer
welt der weissen endlich wirklichkeit wurde die
organisation konnte ihre weltweiten politischen
ideale und militärischen ziele verwirklichen und
auf dieser grundlage die weise und wohltätige
herrschaft des ordens für alle zeiten über die
erde sichern

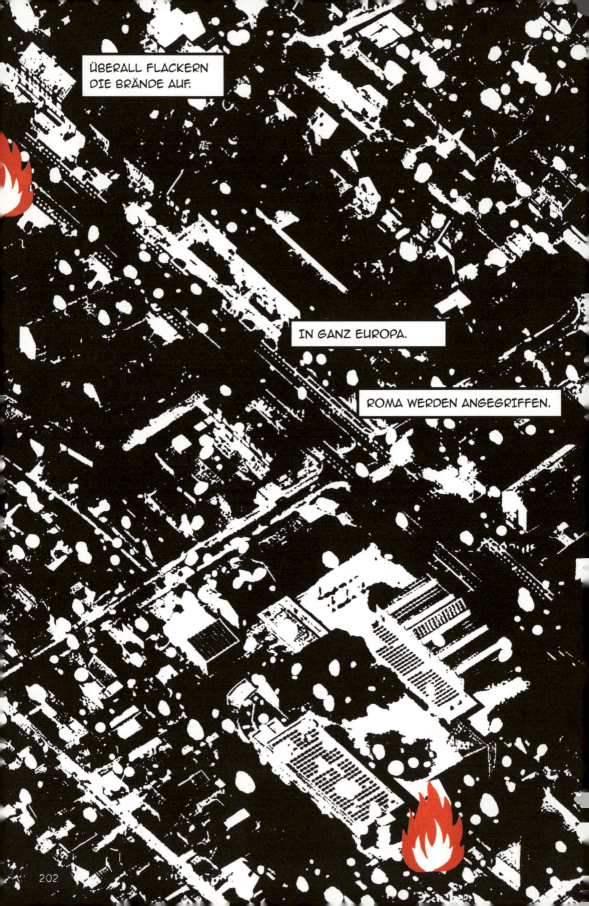

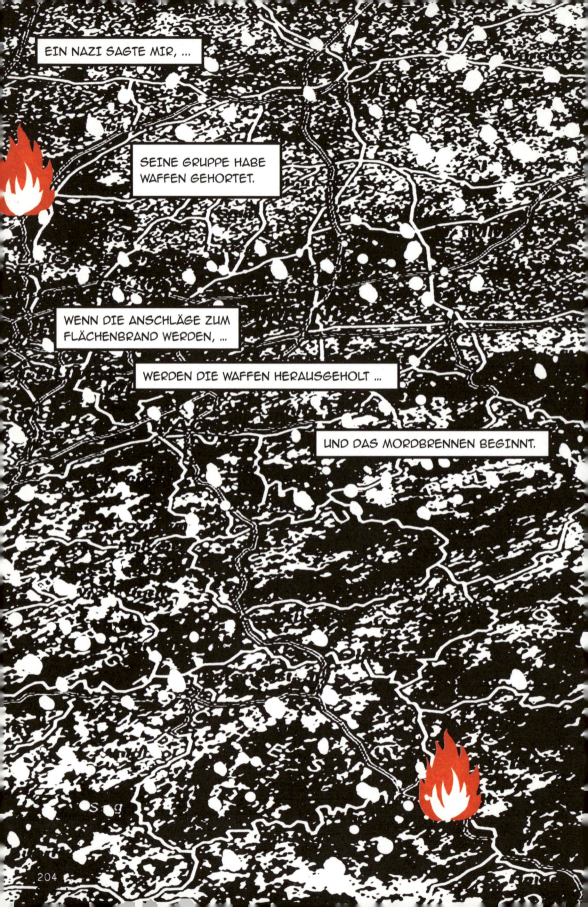

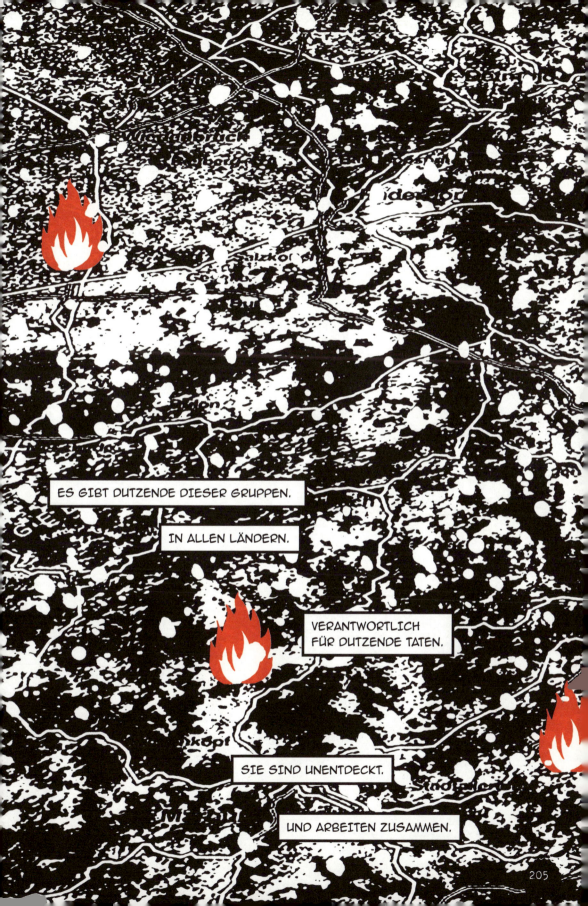

AUS DEM TAGEBUCH DES EARL TURNER:

dienstag

der politische soldat:

die zellen dürfen nicht aus mehr als vier freiwilligen bestehen

keine zelle soll ihre arbeit aufnehmen bevor sie ausreichend bewaffnet ist.

keine zelle soll den kampf aufnehmen bevor sie einen sicheren rückzugsort hat.

jede zelle soll eigene geld und waffenquellen haben

DIESE ZELLEN SIND WEITER UNTER UNS.

SIE MORDEN IN GANZ EUROPA.

GEWALT UND TERROR

DIE WEISSEN WÖLFE ZIEHEN DURCH EUROPA. NEONAZI-NETZWERKE MIT EINER
GEWALTTÄTIGEN VERGANGENHEIT.

VON DAVID SCHRAVEN UND THOMAS KUBAN

WO DIE IDEE DER "WEISSEN WÖLFE" IHREN URSPRUNG HAT, IST SCHWER ZU SAGEN.
ABER EINES IST ZIEMLICH KLAR - AUF WELCHE IDEOLOGIE SIE SICH BERUFEN. EGAL, OB
SIE SICH HAMMERSKINS, NATIONALSOZIALISTISCHER UNTERGRUND ODER BLOOD & HONOUR
NENNEN. SIE ALLE ZIEHEN IHRE IDEEN VOM FÜHRERLOSEN TERRORKAMPF IN KLEINEN
ZELLEN AUS DEN TURNER-TAGEBÜCHERN, EINEM ANONYMEN BUCH AUS DEN USA, DAS DEN
RASSENKRIEG PREDIGT.

WIR HABEN IN DIESER GRAFISCHEN REPORTAGE DIE WUCHT DER TURNER-TAGEBÜCHER
DOKUMENTIERT. DAS GRÖSSENWAHNSINNIGE ZIEL DES AUTOREN: KLEINE KAMPFGRUPPEN
MORDBEREITER NEONAZIS AUFSTACHELN, BIS SIE IN EINEM WELTWEITEN RASSEKRIEG
MITHILFE VON ATOMBOMBEN ALLE NICHT-ARIER AUSROTTEN.

DIE TURNER-TAGEBÜCHER GEHÖREN ZUM FUNDAMENT DER NEONAZI-IDEOLOGIE WELTWEIT.
EGAL WO MÖRDER UNTERWEGS SIND, OB IN NORWEGEN ANDERS BREIVIK ODER IN
DEUTSCHLAND UWE MUNDLOS, UWE BÖHNHARDT UND BEATE ZSCHÄPE. SIE ALLE HABEN DIE
TURNER-TAGEBÜCHER GELESEN UND DIE IDEEN DARIN VERINNERLICHT.

EINER DER NAZIS, DIE IN UNSERER GRAFISCHEN REPORTAGE VORKOMMEN, SAGT: "WAS WIR
WOLLTEN, HABEN SIE GEMACHT."

DAS ERSTE GROSSE NETZWERK, DASS SICH AUF DIE TURNER-TAGEBÜCHER BERIEF, WAR DAS
NETZWERK "BLOOD & HONOUR". BRITISCHE SKINHEADS HATTEN SICH DIESEN NAMEN IN DEN
1980ER-JAHREN AUSGEDACHT, IN ANLEHNUNG AN DEN LEITSPRUCH DER HITLERJUGEND "BLUT
UND EHRE".

DIE SKINHEADS SAHEN IN HITLER-STELLVERTRETER RUDOLF HESS EINEN "MÄRTYRER DES FRIEDENS", DER DEN BRUDERKRIEG ZWISCHEN DEUTSCHLAND UND ENGLAND BEENDEN WOLLTE. DIE SKINHEADS SAHEN IN HESS EINEN VORKÄMPFER DES "EUROPAS DER VÖLKER", WIE ES NEONAZIS ANSTREBEN. SIE DEFINIEREN SICH ALS WHITE-POWER-BEWEGUNG. WER WEISS IST, KANN IN EUROPA MITMACHEN. JEDES VOLK SOLL SEINEN RAUM HABEN, IN DEM ES ALLEINE UNTER KONTROLLE DER NAZIS HERRSCHT:

DAS VERBINDENDE ELEMENT DER NAZIBANDEN: MUSIK

MUSIK, MIT DER SIE NEUE ANHÄNGER REKRUTIEREN; MUSIK, MIT DER SIE IHRER FÜHRERLOSEN BEWEGUNG STRUKTUR ENTLANG DER VERTRIEBSWEGE - KONZERT, CD-VERKAUF UND ONLINE-SHOPS - GEBEN.

WIE KEINE ZWEITE ORGANISATION HAT SICH "BLOOD & HONOUR" IN EUROPA AUSGEBREITET. ALS MILITANTER ARM FUNGIERT EINE GRUPPIERUNG NAMENS "COMBAT 18". DIE 18 STEHT ALS ZAHLENCODE FÜR AH WIE ADOLF HITLER. DIESE "KAMPFGRUPPE ADOLF HITLER" PRÄSENTIERT SICH IN PROPAGANDA-VIDEOS WIE DEM "KRIEGSBERICHTER" ALS PARAMILITÄRISCHE TRUPPE - SCHWER BEWAFFNET UND SCHIESSWÜTIG.

DAS BLOOD & HONOUR-NETZWERK UND SEINE VERBÜNDETEN VOM "COMBAT 18" (C18) ORGANISIEREN EUROPAWEIT NAZI-KONZERTE. AUS DEM BESTREBEN HERAUS, DIE RASSISTISCHE IDEOLOGIE MÖGLICHST WIRKUNGSVOLL ZU VERBREITEN, IST EINE NEONAZISTISCHE JUGENDKULTUR ENTSTANDEN. DENN ROCKMUSIK IST EIN MEDIUM, MIT DEM JUNGE LEUTE ERREICHT WERDEN KÖNNEN.

B&H-FANZINES VERTIEFEN DIE MENSCHENVERACHTENDE WELTANSCHAUUNG DER NEONAZIS. IHNEN GELINGT ES, MIT POLITIK PROFIT ZU MACHEN UND DIE BEWEGUNG ZU FINANZIEREN. DER ÜBERGANG VON DER BRAUNEN MUSIKSZENE ZUM TERRORISMUS VERLÄUFT FLIESSEND. AUCH UWE MUNDLOS, UWE BÖHNHARDT UND BEATE ZSCHÄPE GEHÖRTEN ZU DEN GELDGEBERN FÜR DEUTSCHE B&H-FANZINES.

DER BEGINN: SKREWDRIVER

DEN STEIN INS ROLLEN GEBRACHT HAT EIN EHEMALIGER "STONES"-FAN: IAN STUART DONALDSON, SÄNGER DER SKINHEAD-BAND "SKREWDRIVER". ER MACHTE DIE GRUPPE ZUR WELTWEITEN NUMMER 1 UNTER DEN NEONAZIS. 1987 GRÜNDETE DONALDSON DAS NETZWERK "BLOOD & HONOUR". IN EINEM INTERVIEW MIT DER ZEITUNG "INDEPENDENT" SAGTE ER: "MUSIK IST EINE POTENZIELLE KRAFT, UM NACHRICHTEN ZU ÜBERMITTELN. UND ICH GLAUBE, DASS WIR DIESE EUROPAWEIT EINSETZEN SOLLTEN."

SCHON ZU LEBZEITEN WAR IAN STUART DRAUF UND DRAN, SEIN ZIEL ZU ERREICHEN - SPÄTESTENS POSTHUM IST ES IHM GELUNGEN. HEUTE GIBT ES DIVISIONEN UND SEKTIONEN VON B&H FAST ÜBERALL IN EUROPA. WELTWEIT EXISTIEREN ABLEGER. EINE DIVISION REPRÄSENTIERT DIE ORGANISATION IN DER REGEL INNERHALB EINES STAATES, SEKTIONEN SIND DIE REGIONALEN UNTERGLIEDERUNGEN - FAST ÜBERALL DORT, WO RASSISTEN MIT WEISSER HAUTFARBE IHRE GEWALT AUSLEBEN WOLLEN.

IMMER IM HERBST GEDENKEN SIE DONALDSON MIT MEMORIAL-KONZERTEN: IN EUROPA, ABER AUCH IN AUSTRALIEN UND AMERIKA. IAN STUART DONALDSON STARB AM 24. SEPTEMBER 1993 AN DEN FOLGEN EINES AUTOUNFALLS. EINE LEGENDE WAR ER SCHON VORHER. SEIN CHARISMA MACHTE IHN ZUR IDEALEN FÜHRER-FIGUR. SEINE ERFOLGSSTRATEGIE BASIERTE AUF FOLGENDER BEOBACHTUNG: "EIN FLUGBLATT WIRD NUR EINMAL GELESEN, ABER EIN LIED WIRD VOM TIEFSTEN HERZEN HERAUS GELERNT. DAS WIEDERHOLT SICH TAUSENDE MALE." SO ZITIERT IHN PAUL LONDON, DER EINE BIOGRAFIE AUS SZENESICHT GESCHRIEBEN HAT, DIE INS DEUTSCHE ÜBERSETZT WORDEN IST: "IAN STUART. DER ROCK-REBELL".

DER "SKREWDRIVER"-SÄNGER VERWENDETE SEINE GITARRE ALS POLITISCHE WAFFE, SEINE MUSIK VERABREICHTE ER ALS IDEOLOGISCHE DROGE. EIN AUSZUG AUS EINEM SEINER LIEDER: "NIGGER, NIGGER, GO, GO, GO ... WE'VE GOT TO LOVE THIS LAND OF OURS, AND FIGHT TO KEEP IT WHITE. NEVER GOING TO GIVE IT UP, 'COS WE KNOW WE'RE IN THE RIGHT. AND IF THEY TRY TO TAKE IT WE WILL FIGHT THEM TO THE DEATH." EINE VERTONTE MORDDROHUNG GEGEN DUNKELHÄUTIGE EINWANDERER.

AUCH IAN STUART DONALDSON WAR ZUNÄCHST PUNK - ENDE DER 70ER JAHRE. "SKREWDRIVER" SOLL SICH SOGAR MAL EINEN PROBERAUM MIT DEN "SEX PISTOLS" GETEILT HABEN. ES SOLL AUFTRITTE MIT GRUPPEN WIE "THE POLICE" UND DEN "BOOMTOWN RATS" GEGEBEN HABEN.

BLOOD & HONOUR IN DEUTSCHLAND

IN DEUTSCHLAND HAT SICH NACH 1993 EINE B&H-DIVISION GEGRÜNDET. DIE LETZTE AUSGABE EINES GLEICHNAMIGEN MAGAZINS, DIE NUMMER 9, KAM 1999 HERAUS. DANN BEKAMEN ES DIE "KAMERADEN" MIT DER STAATSMACHT ZU TUN. DIE ERMITTLER WAREN WEGEN DES MAGAZINS UND ANDERER SCHRIFTEN SOWIE WEGEN DER ZUNEHMENDEN KONZERTE AUF BLOOD & HONOUR AUFMERKSAM GEWORDEN. 1999 VERZEICHNETE DER VERFASSUNGSSCHUTZ ZWAR EINEN RÜCKGANG DER SKINHEAD-GIGS IN DEUTSCHLAND AUF 109 (VORJAHR: 128), ABER EINE STEIGENDE TEILNEHMERZAHL. "DAS MIT ABSTAND GRÖSSTE KONZERT FAND MIT ÜBER 2000 BESUCHERN AM 4. SEPTEMBER 1999 IN GARITZ (SACHSEN-ANHALT) STATT" - EIN B&H-EVENT.

RUND EIN JAHR SPÄTER BEKAMEN NEUN FÜHRUNGSKADER DER TRUPPE UND IHRER JUGENDORGANISATION POST VOM BUNDESINNENMINISTERIUM. IN DER VERFÜGUNG VOM 12. SEPTEMBER 2000 HIESS ES: "DIE ‚BLOOD & HONOUR DIVISION DEUTSCHLAND' UND DIE ‚WHITE YOUTH' RICHTEN SICH GEGEN DIE VERFASSUNGSMÄSSIGE ORDNUNG UND DEN GEDANKEN DER VÖLKERVERSTÄNDIGUNG. DIE ‚BLOOD & HONOUR DIVISION DEUTSCHLAND' UND DIE ‚WHITE YOUTH' SIND VERBOTEN. SIE WERDEN AUFGELÖST." ZUSAMMEN SOLL ES DAMALS 300 MITGLIEDER GEGEBEN HABEN, WIE DAS MINISTERIUM SCHRIEB.

IN DIESER GRAFISCHEN REPORTAGE BESCHREIBEN WIR DAS INNENLEBEN EINER BANDE, DIE ZUM NETZWERK DER DEUTSCHEN BLOOD & HONOUR DIVISION GEHÖRTE, DIE SICH ZU IHREM MILITANTEN ARM, DEM COMBAT 18, BEKANNTE. WIE DER NATIONALSOZIALISTISCHE UNTERGRUND VON UWE MUNDLOS, UWE BÖHNHARDT UND BEATE ZSCHÄPE.

MANCHE PROTAGONISTEN SETZTEN NACH DEM VERBOT IHRE ARBEIT FORT, DIE SIE BIS DATO UNTER DEM BANNER VON BLOOD & HONOUR GETAN HATTEN: SIE ORGANISIERTEN KONZERTE UND VERKAUFTEN CDS. ZUM BEISPIEL DER KARLSRUHER HARTWIN KALMUS, DER VOR DEM VERBOT ALS STELLVERTRETENDER FÜHRER DER SEKTION "BADEN" GALT UND ALS LABEL- UND VERSAND-BETREIBER VON "RAGNARÖK RECORDS" BEKANNT WAR. ES DAUERTE JAHRE, BIS ER VERURTEILT WURDE - ALS RÄDELSFÜHRER DES VERBOTENEN BLOOD & HONOUR NETZWERKES.

ANZEICHEN DAFÜR, DASS ES NACHFOLGE-BESTREBUNGEN VON "BLOOD & HONOUR" IN DEUTSCHLAND GIBT, WAREN SCHON BALD NACH DEM VERBOT ERKENNBAR. SPÄTESTENS AB DEM JAHR 2004 TRAT BEISPIELSWEISE EIN "SAALSCHUTZ" DER "DIVISION 28 DEUTSCHLAND" BEI KONZERTEN IN ERSCHEINUNG - NICHT NUR ALS SAALSCHUTZ, SONDERN AUCH IM CATERING-BEREICH. DIE 28 STEHT ALS ZAHLENCODE FÜR B UND H EIN SYNONYM FÜR "BLOOD & HONOUR".

TERRORISTEN MIT MISSION

EBENFALLS 2004 ERSCHIEN EINE CD VON "BLOOD & HONOUR"-THÜRINGEN MIT DEM TITEL "TROTZ VERBOT NICHT TOT". AUF DEM COVER IST EIN HAKENKREUZ ABGEBILDET, AUF DER SCHEIBE SELBST STEHT: "SIEG HEIL. BLOOD & HONOUR."

ABGESEHEN VON SOLCHEN AKTIVITÄTEN HING DAS BANNER DER B&H-DIVISION DEUTSCHLAND NACH DEM VERBOT WEITERHIN - BEI KONZERTEN IM AUSLAND. ZUM BEISPIEL IN ENGLAND, WO DIE MUTTERDIVISION DES NETZWERKS AUCH EINE KONTAKTADRESSE FÜR DIE DEUTSCHEN KAMERADEN VERÖFFENTLICHTE. UND IN BELGIEN.

BELGIEN SPIELTE ÜBER JAHRE HINWEG EINE ZENTRALE ROLLE, WAS DEUTSCHE B&H-UMTRIEBE BETRIFFT. NICHT NUR AUS GEOGRAFISCHEN GRÜNDEN. IN DEM NACHBARLAND WAR DIE POLIZEI BEI EINSCHLÄGIGEN KONZERTEN OFT NICHT EINMAL TATENLOS PRÄSENT, SONDERN GAR NICHT ZU SEHEN. PARADIESISCHE ZUSTÄNDE FÜR NAZIS.

AUF EINEM KONZERT IM JAHR 2004 KÜNDIGTEN DORT RECHTSRADIKALE SÄNGER AN: "OUR TERRORIST ATTACKS WILL CHANGE THE WORLD." ES HÖRTEN 2000 NEONAZIS AUS GANZ EUROPA ZU. DIE BAND "WEISSE WÖLFE", DEREN SÄNGER AUS DORTMUND STAMMT, SIE BEKENNEN SICH ZUM MILITANTEN ARM VON "BLOOD & HONOUR", DEM COMBAT 18. IHR LIED: "HAIL, HAIL, HAIL THE TERRORMACHINE - HAIL, HAIL, HAIL COMBAT 18".

DASS C18-KÄMPFER NICHT NUR SINGEN, IST SEIT LANGEM BEKANNT. AM 4. MAI 2003 WURDE IN NEUSTADT IN SCHLESWIG-HOLSTEIN EINE GEDENKSTÄTTE FÜR JÜDISCHE NS-OPFER GESCHÄNDET. VOR EINEM GEDENKSTEIN WURDE DER KADAVER EINES FERKELS ABGELEGT, AUF EINEN WEITEREN GEDENKSTEIN IN ROTER FARBE "C18" GESCHMIERT. DAZU GAB ES EIN BEKENNERSCHREIBEN IM INTERNET: "COMBAT 18 DEUTSCHLAND ÜBERNIMMT FÜR DIESE TAT DIE VOLLE VERANTWORTUNG. C18 WEHRT SICH GEGEN DIE JÜDISCHE HERRSCHAFTSCLIQUE, IHRE HANDLANGER, INSTITUTIONEN UND PSEUDODENKMÄLER. ES GAB KEINEN HOLOCAUST AM JÜDISCHEN VOLK. NIEDER MIT DER 6-MILLIONENLÜGE UND IHREN WILDWUCHERNDEN AUSGEBURTEN. KAMPF DER LÜGE BEDEUTET KAMPF DEM JUDEN, IMMER UND ÜBERALL." DANEBEN STANDEN DIE PORTRÄTBILDER VON ZWEI KOMMUNALPOLITIKERN UND EINEM STAATSANWALT, VERBUNDEN MIT DER DROHUNG: "WER DEM JUDEN DIENT, IST FEIND. IHR SEID DIE NÄCHSTEN."

DER STAAT SIEHT KEIN C18

RECHTSTERRORISMUS IN DEUTSCHLAND? DAS BUNDESAMT FÜR VERFASSUNGSSCHUTZ GAB ERSTMAL ENTWARNUNG: "INSBESONDERE UNTER GEWALTBEREITEN RECHTSEXTREMISTEN IN DEUTSCHLAND GENIESST DIE BRITISCHE GRUPPIERUNG ‚COMBAT 18' HOHE ANERKENNUNG. DER SZENEINTERNE BEZUG AUF C18 DIENT DER EIGENEN AUFWERTUNG UND SOLL NACH AUSSEN DEN EINDRUCK EINER GEWISSEN GEFÄHRLICHKEIT UND ENTSCHLOSSENHEIT VERMITTELN. SO WURDE BEREITS WIEDERHOLT DIE EXISTENZ VON DEUTSCHEN C18-STRUKTUREN SUGGERIERT. [...] TATSÄCHLICH SIND SOLCHE STRUKTUREN IN DEUTSCHLAND BISLANG NICHT BEKANNT GEWORDEN. AUCH LIEGEN KEINE ERKENNTNISSE ZU UNMITTELBAR AUF GEWALT AUSGERICHTETEN AKTIVITÄTEN MIT C18-BEZUG VOR. DIE SCHÄNDUNG DER GEDENKSTÄTTE IN NEUSTADT IN HOLSTEIN DÜRFTE VON AKTIVISTEN DER REGIONALEN RECHTSEXTREMISTISCHEN SZENE BEGANGEN WORDEN SEIN, DIE VERSUCHEN, MIT DER BEZUGNAHME AUF ‚COMBAT 18' EINE MÖGLICHST HOHE ÖFFENTLICHKEITSWIRKUNG ZU ERZIELEN."

IMMER WIEDER WURDE KLEINGEREDET UND WEGGESCHAUT. DAS KLIMA, IN DEM DIE TERRORBANDEN, WIE DER NSU GEDEIHEN KONNTEN.

HEUTE SIND DIE NETZWERKE VON "BLOOD & HONOUR" GESCHWÄCHT. ABER IHRE IDEOLOGIE LEBT WEITER. DIE BANDEN HEISSEN HEUTE "WEISSE WÖLFE" ODER "HAMMERSKINS". SIE WACHSEN.

THOMAS KUBAN HAT RUND 15 JAHRE LANG UNDERCOVER IN DER KONSPIRATIV-ORGANISIERTEN NEONAZI-BEWEGUNG RECHERCHIERT. ER HAT SICH UNTER ANDEREM EUROPAWEIT IN "BLOOD & HONOUR"-KONZERTE EINGESCHLICHEN, UM SIE MIT VERSTECKTEN KAMERAS ZU DOKUMENTIEREN. REGISSEUR PETER OHLENDORF HAT ÜBER DIESE RECHERCHE-ARBEIT DEN DOKUMENTARFILM "‚BLUT MUSS FLIESSEN' - UNDERCOVER UNTER NAZIS" HERAUSGEBRACHT, DER BEI DER BERLINALE SEINE PREMIERE HATTE. IM CAMPUS-VERLAG ERSCHIEN DAS GLEICHNAMIGE BUCH VON THOMAS KUBAN.

AUTOREN

DAVID SCHRAVEN, JAHRGANG 1970, IST SEIT JAHREN JOURNALIST. ER RECHERCHIERT ZU HARTEN THEMEN, ZU KORRUPTION UND MACHTMISSBRAUCH, ABER AUCH ZU NAZIS UND ZUR MAFIA. ER WURDE MEHRFACH FÜR SEINE RECHERCHEN AUSGEZEICHNET, UNTER ANDEREM MIT EINEM WÄCHTERPREIS. MOMENTAN LEITET ER DAS ERSTE GEMEINNÜTZIGE RECHERCHEBÜRO IM DEUTSCHSPRACHIGEN RAUM: "CORRECT!V". DAVOR WAR ER RESSORTLEITER RECHERCHE BEI DER WAZ-MEDIENGRUPPE IN ESSEN. DAVID SCHRAVEN IST VERHEIRATET UND HAT ZWEI SÖHNE.

JAN FEINDT, GEBOREN 1975 IN LÜNEBURG, IST NACH FÜNF JAHREN TEL AVIV IN BERLIN GELANDET. ALS COMICZEICHNER VERÖFFENTLICHE ER SEINE GESCHICHTEN IN DEN ANTHOLOGIEN "CARGO: COMICREPORTAGEN AUS ISRAEL - DEUTSCHLAND" UND "TEL AVIV - BERLIN: EIN REISEBUCH" (BEIDES AVANT VERLAG). ALS FREIBERUFLICHER ILLUSTRATOR ARBEITET ER FÜR MAGAZINE UND ZEITUNGEN WIE STERN, SPIEGEL, ROLLING STONE MAGAZINE UND TIME MAGAZINE.

DANKSAGUNG

WIR DANKEN DEN MODELS RENÉ LEGRAND, THOMAS NESSLER, HEINER WELSKOP, NENA WELSKOP, MARCEL LEGRAND, OMA ANNI BÖNIG & MAREIKE LEGRAND.

DIETMAR GUST DANKEN WIR FÜR DIE BENUTZUNG SEINES FOTOARCHIVS; JAN WIRTH & TOBIAS HONERT VON DER ZENTRALE BERLIN FÜR DAS GROSSARTIGE COVER, JAMIRI FÜR DEN KONTAKT, SABINE WITKOWSKI & RALF KEISER VON CARLSEN, HERBURG WEILAND, ULI OESTERLE & JIMMY FÜR DIE INSPIRATION.

GRÜSSE GEHEN AN: AYA & ILAY FEINDT, NENA WELSKOP, AYELET GAD, RONEN EIDELMAN, YIRMI PINKUS & RUTU MODAN VON ACTUS, ASAF HANUKA, TIM DINTER & JENS HARDER, DIE MOBOYS TITUS ACKERMANN, THOMAS GRONLE & JONAS GREULICH, GUY MORAD & DIE DIMONA CREW, SONJA, BORIS KISELIKI, FUFU FRAUENWAHL, LARS HENKEL & MARIO WAGNER, HENNI HELLIGE & DIE GESTALTEN, UWE NEU VON NEONCHOCOLATE, SHELLY DUVILANSKI, FINN, LENNART, YOH NAGAO, LOK JANSEN, BENJAMIN GÜDEL, CHRIEGEL FARNER, MARKUS WITZEL, ANNA, JODIE, SAM & NANCY VON RAPPART UND BURKHARD SCHRÖDER.